QATAR, LE MONDIAL DE LA HONTE

NICOLAS KSSIS-MARTOV

QATAR, LE MONDIAL DE LA HONTE

LIBERTALIA

ÉDITION POCHE

INTRODUCTION

« Il aurait fallu en parler avant. Les querelles d'aujourd'hui sont un peu tardives. Lorsque la Coupe du monde a été attribuée, il y a plus de dix ans (en 2011), je n'ai pas vu beaucoup de manifestations. À l'inverse de beaucoup de personnes, je pense que la compétition va faire évoluer le Qatar. » Noël Le Graët, président de la Fédération française de football (FFF), s'agace sur le plateau de *Télématin*, l'émission de France 2. Son quatrième mandat s'apparente de plus en plus à une fin de règne (accusations de harcèlement, plan de licenciement, conflit avec Kylian Mbappé sur le racisme ou encore le droit à l'image, lassitude du foot amateur, etc.). Alors qu'il pensait profiter d'un possible troisième sacre tricolore au Qatar – un pays qui finance si généreusement notre sport national (ce qu'aucun président de la République, de Nicolas Sarkozy à Emmanuel Macron, n'oublie) –, voilà qu'il se trouve obligé de justifier la présence des Bleus. Sans surprise, sa ligne de défense oscille entre mensonges et amnésie. Car la Coupe du monde au Qatar, accordée à cet émirat au grand étonnement de tous les spécialistes, a été critiquée dès le départ. Et depuis au moins 2014, ONG, syndicats et presse internationale, dont française, tirent la sonnette d'alarme, notamment sur les conditions de vie et de mort des travailleurs immigrés, principalement originaires d'Asie. La documentation sur le sujet n'a au fil du temps cessé de s'étoffer : enquêtes, investigations, rapports détaillés, reportages, statistiques, etc. Des syndicalistes népalais aux antennes de la BBC, il fallait être sourd et coupé des réseaux sociaux pour l'ignorer. Effectivement, en 2022, l'indignation a enfin gagné directement le petit monde du football. Des sélections nationales ont manifesté timidement leur préoccupation. Les Oranje sont ainsi entrés sur la pelouse de l'Arena Johan Cruyff avec un tee-shirt noir sur lequel était inscrit « *Football supports Change* ». En avril dernier, Lise Klaveness, présidente de la Fédération norvégienne, a cassé les codes habituels de la grand-messe consensuelle du congrès de la Fédération internationale de football association (FIFA) qui se tenait à Doha : « La décision d'accorder le Mondial au Qatar a été prise de manière inacceptable. Il n'y a pas de place pour des employeurs qui ne veillent pas à la liberté et la sécurité des ouvriers du Mondial. Pas de place pour des dirigeants qui n'accueillent pas le football féminin. Pas de place pour des pays hôtes qui ne peuvent pas garantir légalement la sécurité et le respect des personnes LGBT. » Même les supporteurs, ou une fraction d'entre eux, se sont mis à protester, dans un contexte de refus du « football moderne » (refus de la Superligue, etc.). Par exemple, les ultras de l'Austria Salzburg ou de Kaiserslautern, ces derniers ayant arboré une banderole assez explicite : « Boycott Qatar ». En face évidemment domine la contre-propagande officielle, incarnée à merveille par Gianni Infantino, président actuel de la FIFA, qui réside désormais dans l'émirat où ses enfants sont scolarisés.

Cette Coupe du monde n'a rien de surprenant. Elle s'inscrit dans le prolongement de l'évolution de cette belle institution qu'est la FIFA, surtout depuis qu'elle a instauré sa Coupe du monde en 1930 pour étouffer la concurrence du tournoi olympique. De la deuxième édition en 1934, dans l'Italie de Benito Mussolini, magnifique caisse de résonance et de reconnaissance pour le fascisme italien, au Mondial de 1978 dans l'Argentine de Videla, les états d'âme politiques n'ont jamais franchi les limites du rectangle vert. Dorénavant, la problématique s'est complexifiée. Il faut dégoter des pays prêts à débourser les sommes folles nécessaires à l'accueil d'un tel événement et à accepter les conditions financières posées par la FIFA (entre autres l'exemption fiscale totale). Les candidatures se font plus rares et même les États-Unis coorganisent le Mondial 2026 avec le Canada et le Mexique. Heureusement, des dirigeants compréhensifs, et guère embêtés par les oppositions et leur opinion publique, existent encore, tel le tsar Vladimir Poutine qui a fourni clé en main, avec l'aide de ses affidés comme Gazprom, une des « plus belles éditions » en 2018. Comment ne pas comprendre son amertume après avoir été exclu par l'Union européenne des associations de football (UEFA) à cause de l'invasion de l'Ukraine. Le Qatar a pu acheter de la sorte sa « Coupe du monde », offrant les garanties d'un régime stable, fort, pas trop démocratique et surtout avec des lignes de crédits infinies.

Unique, original et caricatural, le Mondial qatari marque malgré tout une étape tant il condense à l'extrême les questions qui empêchent le sport de vivre tranquillement son apolitisme, qui récite le crédo « une fois que le ballon roule, on oublie tout ». Cette fois, droits des travailleurs – et surtout des migrants –, réchauffement climatique, droits des femmes et des personnes LGBT, etc., personne ne pourra «oublier», y compris si Kylian Mbappé marque en finale, qu'il aura effectué son exploit sur un cimetière. Ce brave Bill Shankly, entraîneur mythique et socialiste de Liverpool, avait fourni la définition ultime pour comprendre la place de ce simple jeu dans nos sociétés modernes : « Le football n'est pas une question de vie ou de mort, c'est quelque chose de bien plus important que cela. » Il n'est pas inutile de rappeler qui en est mort et ce qui est désormais le plus important dans le football…

CHAPITRE I

COUPE DU MONDE, LA HONTE EN HÉRITAGE

30 décembre 1929. Dans les ruelles des quartiers populaires de Paris, entre Belleville et Bastille, de jeunes communistes vendent à la criée *L'Humanité*, quotidien du Parti communiste français (PCF). Et pour une fois ils parlent foot. « Match Paris-Rome. À Buffalo, magnifique démonstration contre le fascisme et la répression. » La veille, en effet, quelques dizaines de sportifs ouvriers, jeunes et adultes, sont venus huer l'AS Roma, porte-parole à crampons du régime mussolinien. La feuille de droite *L'Écho de Paris* retranscrit également l'action des antifascistes. « Quelques incidents provoqués par des manifestations déplacées de spectateurs communistes obligent l'arbitre à interrompre la partie quelques instants. » L'enceinte de Montrouge connaît alors un étrange envahissement de terrain, décrit dans les colonnes du journal communiste. « On chante *Bandiera Rossa*. Les flics descendent les gradins que la foule évacue en protestant, comme on peut le penser ! En quelques instants, les spectateurs sont sur la pelouse ; le désordre est à son comble ; les flics désemparés ne savent à qui s'en prendre. On doit interrompre la partie. Le stade est littéralement inondé de tracts de protestation. » Le choix d'une rencontre de football n'a rien d'anodin. Le fascisme italien a décidé d'utiliser le ballon rond au service de sa propagande, à l'extérieur, et de son projet totalitaire, à domicile.

Certes, le Duce n'apprécie guère ce sport – il lui préfère le rugby, plus «viril» –, auquel il reproche même de diviser le pays avec ses supporteurs davantage amoureux de leurs couleurs que de la gloire de la nation. Il comprend néanmoins rapidement l'intérêt de cette passion populaire qui commence à devenir planétaire. À l'image de son rapprochement de l'Église catholique, qui se retrouve de son côté bien au chaud derrière cette belle muraille contre la «gauche», il veut amadouer cette nouvelle religion laïque. Cela tombe bien, en 1934 l'Italie accueille la deuxième Coupe du monde de football. Deux ans avant les Jeux de la honte à Berlin, on assistera à une belle répétition générale en termes d'instrumentalisation politique du sport.

Pour sa part, la FIFA a d'autres soucis en tête. Elle ne risque pas de venir chercher des poux à ce dictateur qui se prend pour le nouveau César. Elle a lancé sa Coupe du monde en 1930 afin de contrer le tournoi olympique du Comité international olympique (CIO). Déjà les deux futurs mastodontes du sport mondial se tirent la bourre. Outre des désaccords de nature «éthique», entre autres le refus du professionnalisme par les disciples de Coubertin, les pontes du football refusent une quelconque subordination de principe aux anneaux olympiques. L'Italie fasciste va leur offrir l'occasion de renforcer leur rapport de force, en dépensant par exemple sans compter (citons le stade Mussolini à Turin et ses 70000 places) et en mobilisant massivement la population, avec les Chemises noires pour l'encadrer. De toute façon, les candidatures ne se bousculent pas véritablement après la première édition en Uruguay. Enfin, culturellement bourgeois, idéologiquement de droite, et surtout horrifiés par le risque de révolution «prolétarienne», les membres qui composent la direction de la FIFA regardent plutôt avec les yeux de Chimène le bellâtre au bras tendu qui promet de les protéger du bolchevisme (l'URSS de son côté possède une Internationale rouge des sports et n'a pas encore rallié le sport de ses « ennemis de classe »). La FIFA laissera les mains libres aux fascistes du 27 mai au 10 juin 1934. Elle concédera aussi un arbitrage sur mesure pour la Squadra azzurra, qui ignore la violence, voire les menaces, des joueurs italiens. Une association de malfaiteurs dont pâtira la Wunderteam autrichienne, alors une des meilleures formations au monde, avec son joueur vedette, Matthias Sindelar, « le Mozart du football ». Blessé fort opportunément lors de la demi-finale par Luis Monti, un Argentin naturalisé à la va-vite, il n'est pas capable de renverser ce match cadeau aux Italiens. Il refusera de rejoindre ensuite les rangs de l'équipe nazie, fusionnant les deux Mannschafts après l'Anschluss. Classé par la Gestapo comme « sympathisant juif, tchèque et socio-démocrate », il sera retrouvé mort dans son appartement à Vienne en janvier 1939. Jules Rimet, président de la FIFA, à l'instar du pape, pourtant un ancien « catho de gauche » issu des rangs du Sillon de Marc Sangnier (pendant l'Occupation il ne cachera pas son hostilité à Vichy), garde un silence coupable, voire complaisant. Il aurait alors confié à son entourage que « durant cette Coupe du monde de football, le vrai président de la Fédération internationale c'était Mussolini ». Signe de son complexe de supériorité, ce dernier remet une Coppa del Duce aux héros en short, bien plus imposante que le trophée officiel.

La Coupe du monde de 1934 ouvre un cycle. Le sport, surtout international, ne peut plus se réfugier éternellement derrière le *fair-play* de la grande bourgeoisie. Il se retrouve au centre des grandes confrontations politiques et idéologiques qui vont secouer le monde. Surtout avec l'installation de la guerre froide après 1945 ou plus tard le processus de décolonisation. Toutefois, la FIFA va longtemps réussir à masquer ces enjeux, bien plus que le CIO. Il faudra attendre la Coupe du monde en Argentine en 1978 pour que se fissurent quelque peu les aveuglements et que la critique se fasse entendre autour du rectangle vert. Le 24 mars 1976, une junte prend le pouvoir en Argentine. Ce coup d'État s'inscrivait dans la stratégie du *containment* contre le communisme qui voyait se multiplier les dictatures en Amérique latine (Brésil en 1964, Bolivie en 1971, Chili et Uruguay en 1973) avec le soutien du grand frère US. Le régime de Videla perçoit immédiatement dans la Coupe du monde qui doit se dérouler en 1978 une magnifique opportunité de redorer son blason, notamment en Occident où la répression suscite une certaine indignation, et de rassembler les Argentins autour de l'Albiceleste qui, parmi les grandes nations du foot, attend son premier sacre. Dans ce but, le gouvernement signe même un contrat avec une agence de publicité américaine, Burson-Marsteller, à hauteur de 1,1 million de dollars afin de réussir sa com'. Les militaires dépensent aussi sans compter : 517 millions de dollars de budget. La FIFA a toujours eu la reconnaissance du ventre.

L'arme sportive s'avère à double tranchant. La Coupe du monde est désormais un phénomène médiatique et populaire incontournable. Partout dans le monde des comités pour le boycott se mettent en place. En France, le Comité de soutien aux luttes du peuple argentin (CSLPA) initie en décembre 1977 le Comité pour le boycott de l'organisation par l'Argentine de la Coupe du monde de football (COBA) qui, par exemple, diffuse le journal *L'Épique* à 120 000 exemplaires. Si la contestation est portée par la gauche sportive radicale, en particulier autour de la revue *Quel corps ?*, le mouvement ratisse plus large avec des personnalités telles que Louis Aragon, Roland Barthes, Bertrand Tavernier, Jean Lacouture, Marguerite Duras ou Yves Montand. Y compris dans les rangs des footballeurs et des Bleus, le doute s'insinue. Dominique Rocheteau, qu'on dit proche de la Ligue communiste révolutionnaire (LCR), ne dissimule pas sa gêne. Le sélectionneur Michel Hidalgo se retrouve victime le 23 mai 1978 d'une tentative d'enlèvement jamais élucidée la veille de son départ pour Buenos Aires, même si une revendication anonyme rendue publique expliquait que le but était « d'attirer l'attention sur l'hypocrite complicité de la France, qui fournit du matériel militaire en Argentine ». Toutefois, la plupart s'y rendent sans états d'âme, dont Michel Platini, que nous allons bientôt recroiser. Pendant ce temps, en face, le Front national lance une campagne de soutien aux Bleus au nom de l'apolitisme du sport, et Jean-Pierre Soisson, ministre de la Jeunesse et des Sports, pérore : « Il faut que la Coupe du monde conserve le seul caractère qu'elle doit avoir, celui d'une manifestation sportive. » Cela dit, le PCF rejette également l'idée du boycott, les JO de Moscou se profilant deux ans plus tard. François Mitterrand sort la formule magique du pragmatisme le 17 février 1978 : « Les dés sont jetés. Maintenant il faut y aller. Il n'est pas question de priver l'équipe de France de sa qualification. » On entend quasiment le même refrain aujourd'hui au sujet du Qatar…

La FIFA, de son côté, feint de ne rien entendre. Son président s'appelle Joao Havelange. Un homme d'affaires brésilien, proche de la dictature qui, en retour, lui a accordé le monopole du transport des colis postaux (petit détail, il a participé aux JO de Berlin en 1936 en tant que nageur, il en était revenu admiratif). L'homme se révèle un fin stratège et il sent le contexte. Il a évincé Stanley Rous, un notable anglais à l'ancienne, et il s'appuie sur l'arrivée massive de nouvelles fédérations avec la décolonisation. Si son cœur bat clairement à droite, il a surtout compris à quel point le foot devient une fantastique machine à cash. La FIFA veut mettre la main sur le magot, ou une partie non négligeable en tout cas. Sous son règne, elle se transforme en une très performante multinationale. Complaisance politique – Joao Havelange restera à jamais l'ami du vice-amiral Lacoste, en charge de la Coupe du monde, accusé de crime contre l'humanité mais qu'il place encore dans l'organisation du Mondial au Mexique en 1986 – et logique économique – Coca-Cola débourse pas moins de huit millions de dollars pour être sponsor en Argentine – deviennent les deux piliers de l'empire du ballon rond. En 2011, Havelange démissionnera du CIO à la suite d'accusations de corruption. Mieux vaut tard…

En 2018, le nouveau tsar Poutine reçoit en grande pompe, et avec générosité (678 milliards de roubles de budget total, soit 9,2 milliards d'euros), la première Coupe du monde à l'est de l'Europe. Le nouveau président de la FIFA, Gianni Infantino, est aux anges, un éternel sourire béat éclaire son visage. Malgré quelques protestations de pure forme (rappelons que la Russie a annexé la Crimée en 2014 et qu'elle soutient déjà militairement les régions séparatistes du Donbass, une guerre qui ne dit pas encore son nom). Droits de l'homme ou conditions de travail des ouvriers immigrés du Caucase ne gâcheront pas la fête ni les bénéfices de la FIFA. La France est au bord de l'extase et exulte, tel son président de la République Emmanuel Macron, qui regarde la finale aux côtés de son ami Vladimir. Sans surprise, Gianni Infantino dresse un bilan quasi soviétique lors d'une conférence de presse au stade Loujniki de Moscou le 13 juillet 2018 : « Il y a quelques années, j'avais dit que ce Mondial serait le meilleur de l'histoire et je peux aujourd'hui le dire avec conviction : il s'agit de la meilleure Coupe du monde de tous les temps. »

Inutile de préciser que l'exclusion de la Russie des compétitions internationales après le début de l'invasion de l'Ukraine s'avéra pour lui un crève-cœur. Il essaya le plus longtemps possible d'éviter le recours à cette ultime sanction. Il faudra la pression des gouvernements occidentaux et de l'UEFA pour qu'il se résigne. Le monde est injuste parfois…

Loin d'être une erreur de parcours, la désignation du Qatar s'inscrit donc dans une longue histoire et une tendance lourde. Organisation à but non lucratif, installée en Suisse, sûrement pour le climat, avec un modeste budget annuel, hors période de Mondial, de 800 millions de dollars, la FIFA s'avère un acteur important de la géopolitique mondiale depuis un siècle, sans états d'âme ni remords. Elle aime citer en contre-exemple l'adhésion de la Fédération palestinienne (provisoire en 1995, puis définitive en 1998), qui s'est néanmoins opérée après les accords d'Oslo (des organisations comme la Fédération sportive et gymnique du travail [FSGT] ont tenu leur premier France-Palestine dès 1982). Elle n'a toutefois jamais affronté Israël sur la libre circulation des joueurs ou encore moins le statut des clubs des colonies. Toutefois, la Coupe du monde au Qatar, avec ses 200 milliards de dollars de budget, possède une réelle originalité, une dimension inégalée, et soulève des problématiques (droits humains, droits des LGBT, écologie, etc.) que la FIFA avait toujours pris soin d'ignorer.

CHAPITRE 2

LA COUPE DE TROP ?

La Coupe du monde au Qatar est donc la 22e édition d'un des événements sportifs internationaux les plus suivis aujourd'hui. L'extraordinaire mondialisation du ballon rond lui confère une audience et lui octroie un statut hors norme. Certes sa dimension universelle possède des limites trop souvent oubliées en Occident, sauf à considérer par exemple que l'Inde (1,38 milliard d'habitant·es) et le Pakistan (220 millions), obsédés par le cricket, ne soient plus situés sur le globe. Toutefois, effectivement, seuls les JO dans le domaine sportif, et encore, peuvent prétendre rivaliser avec cette parenthèse d'un mois entier vouée au dieu football. Bien que difficile à mesurer précisément, surtout depuis l'essor du streaming légal ou non et des smartphones, une partie non négligeable de la population mondiale a désormais les yeux rivés sur ses divers écrans quand sonne l'heure de la finale. Selon la FIFA, qui s'en félicite sur son site le 26 décembre 2018, celle « entre la France et la Croatie le 15 juillet a attiré une audience cumulée de 1,12 milliard de téléspectateurs, dont 884,37 millions devant leur poste de télévision et 231,82 millions hors du domicile ou sur support numérique uniquement ». Dans l'Hexagone, plus de 26 millions de nos concitoyen·nes (sur 67) s'étaient rassemblé·es pour le deuxième sacre des Bleus. Un engouement qui constitue la scène d'ouverture du film *Les Misérables* où de jeunes garçons de Montfermeil en Seine-Saint-Denis descendent les Champs-Élysées pour communier autour de Mbappé et Lloris, avant de retourner à leur quotidien de béton et d'ennui.

Telle est la vitrine extraordinaire que s'est offerte le Qatar, en espérant, tout comme la Russie de Poutine, redorer son blason et asseoir sa stature dans le concert des nations. L'opération pour le tsar du Kremlin avait été une parfaite réussite, avec la complicité de la FIFA et de l'ensemble des États, notamment européens. Aucun commentaire sur le régime, l'invasion de la Crimée ou le conflit larvé au Donbass, et encore moins sur la question LGBT… Même le soutien du pouvoir à certains hooligans nationalistes qui avaient semé la panique sur le Vieux-Port en 2016 lors de l'Euro a été mis sous le tapis (bons soldats, ils restèrent tranquilles durant la compétition à domicile). L'association s'avérait tout autant prometteuse et fructueuse entre la multinationale du foot et l'émirat qui pensait au passage utiliser sa Coupe du monde pour rattraper son retard sur ses voisins tels Dubaï et la puissante Arabie saoudite, qui investit elle aussi de plus en plus dans le sport. Or, la place énorme, et incontestable, du foot sur l'échiquier planétaire induit des effets pervers guère anticipés. Dans ce monde multipolaire, la FIFA découvre le spectre des invasions barbares au bord de ses limes. Loin de se résumer à une coupe de plus avec les quelques scandales qui égrènent dans la presse européenne (corruption pour 2006 en

Allemagne, etc.), Qatar 2022 risque surtout d'être la pire, unique en son genre et dans sa postérité.

Le football n'a jamais été, contrairement à l'adage médiatique ou sociologique, un reflet de la société. Il a toujours été un de ses acteurs. Son gigantisme actuel rend impossible de camoufler un fait aussi évident. Le foot n'est par ailleurs plus un sport. Industrie du spectacle, mastodonte économique, théâtre politique, sa signification culturelle et sociale se révèle défigurée et pétrie de contradictions de plus en plus violentes. La Coupe du monde au Qatar arrive à un moment où ce phénomène touche à son paroxysme. Le format de la compétition, son hôte singulier, sans oublier l'évolution même des conditions du jeu au plus haut niveau se conjuguent pour rendre cette épreuve hors du commun. Le récit produit par les instances internationales, qui propose une vision idyllique d'un football à l'abri des aléas de son époque et qui n'apporte que du bonheur, ne résiste plus à l'épreuve des faits. Les délires mégalomaniaques de ses dirigeants en disent long sur leur impudence. Sepp Blatter rêvait de récolter un prix Nobel de la paix s'il arrivait à organiser un match Israël-Palestine. Plus récemment, Gianni Infantino, venu défendre devant le Conseil de l'Europe le 26 janvier 2022 son projet d'un Mondial tous les deux ans – l'argent n'a pas d'honneur –, expliqua sans honte que cette belle idée stopperait net le flux des réfugiés vers l'Europe. « Nous devons donner de l'espoir aux Africains pour qu'ils ne soient plus obligés de traverser la Méditerranée pour trouver peut-être une vie meilleure ou, plus probablement, la mort en mer », a estimé Infantino. Il s'agit de donner à tous des « chances et de la dignité ». Même les plus cyniques de nos notables européens ont dû tomber de leur chaise devant une telle obscénité.

Une époque si moche pour le football...

Pourtant, au départ, l'attribution de la Coupe du monde au Qatar s'apparentait à un *story-telling* parfait. Pour asseoir et conquérir de nouveaux territoires, la FIFA est sortie depuis longtemps de la seule alternance entre Europe et Amérique du Sud. L'édition 2010 en Afrique du Sud, à la fois première sur le continent et symbole fort dans l'ancienne patrie de l'Apartheid, s'inscrivait dans ce registre, tout comme le grand voyage au Japon et en Corée en 2002, en quête surtout de nouvelles parts de marché. La désignation du pays hôte en décembre 2010 relevait clairement de cette problématique. Les candidats potentiels étaient l'Australie, le Japon, la Corée du Sud, les États-Unis et donc le Qatar. Le triomphe inattendu de ce dernier avait provoqué la colère des Américains. Le FBI avait étrangement décidé de lancer une enquête de grande ampleur sur des soupçons de corruption au sein de la FIFA autour de la Coupe du monde 2006, utilisant à cette occasion les mêmes méthodes que contre la mafia (par exemple retourner un membre de la Cosa Nostra du ballon rond, le repenti Chuck Blazer, pour infiltrer l'organisation, micro planqué, etc.). Sepp Blatter, alors président de la FIFA, en était ressorti très affaibli. La leçon a bien été retenue depuis. La cuvée 2026 du Mondial a été attribuée aux États-Unis conjointement avec le Mexique et le Canada.

Officiellement, le Qatar avait le profil idéal. Une capacité financière sans pareille. Un rôle essentiel dans l'économie et les médias du foot à travers le monde. Un régime stable, peu concerné par un quelconque «printemps» inopportun. Et dernier argument, le plus hypocrite, le besoin de tenir cette épreuve dans le monde arabo-musulman, dont la passion pour le foot n'est plus à démontrer. L'échec du Maroc avait par le passé étonné, surtout pour un pays disposant déjà d'une énorme culture foot (un engouement populaire impressionnant, de grands clubs à l'instar du Raja, sans négliger son explosif mouvement ultra). En outre, la monarchie chérifienne disposait déjà d'une solide infrastructure touristique et de transports pour accueillir en masse les supporteurs·trices. Avec le Qatar, la FIFA imaginait sûrement, en vendant sa Coupe du monde à l'un des principaux financeurs du foot mondial, rattraper en même temps ce raté et envoyer un message fort aux populations arabes. Un discours qui sert aujourd'hui de ligne de défense au cheikh Tamim ben Hamad Al Thani. Le 15 septembre, dans les colonnes du *Point*, un titre qui pourtant ne manque jamais l'occasion de faire sa une sur le péril de l'islam et de l'islamisme, il se lamente : « Aujourd'hui encore, certains n'acceptent toujours pas qu'un pays arabe musulman accueille une Coupe du monde. » Un argument massue pour déconsidérer ceux qui se montreraient trop critiques.

Sauf qu'en douze ans, le monde a changé. Et le regard critique sur le foot, désormais considéré à sa juste valeur, s'est affiné. L'actualité n'a cessé de venir rattraper et d'égratigner l'image du Mondial «parfait» vendu lors de l'assemblée générale de la FIFA. Le Qatar occupe par exemple une place singulière dans la diplomatie internationale (que ce soit dans son rôle d'intermédiaire avec les talibans ou avec, de l'autre côté, Israël). Sa relation forte avec l'Iran lui valut un embargo de ses voisins sunnites, notamment l'Arabie saoudite. Une rivalité qui se prolonge aussi dans le foot (rappelons que Manchester City appartient à un consortium avec une majorité d'Abu Dhabi, ce qui donne au passage tout le sel géopolitique des rencontres contre le PSG en Champions League). La décision récente de l'UEFA, et de la FIFA, contrainte et forcée sous la pression des États occidentaux, d'exclure la Russie après son invasion de l'Ukraine, et tant que la guerre perdure, a aussi désormais prouvé que même une grande puissance, et généreuse mécène via Gazprom par exemple, ne pouvait se sentir abritée sur les pelouses vertes… les vents contraires de l'histoire. Enfin, et nous y reviendrons, toutes les problématiques autour des conditions de vie et de mort des travailleurs immigrés, des considérations écologiques, des droits LGBT, complètement absentes des réflexions et des discussions lors de l'attribution en 2010, se sont imposées au fil des années. Toutefois, ces doutes n'ont pas eu concrètement de conséquences véritables, hormis par exemple l'annonce par Philipp Lahm, ancien capitaine de la Mannschaft championne du monde en 2014, qu'il ne ferait « pas partie de la délégation et qu'[il n'a] pas l'intention de faire le voyage en tant que supporteur ». En France, quelques voix se font malgré tout timidement entendre également. Éric Cantona a ainsi résumé son dédain pour cette compétition avec sa gouaille habituelle : « Que la France gagne, perde, rien à carrer ! Dans la vie, il y a des choses bien plus importantes que le foot ! À la place, je me referai tous les épisodes de *Columbo*, ça fait longtemps que je ne les ai pas vus. » L'écrivaine Virginie Despentes pour sa part a partagé dans *So Foot* son désespoir : « Le Qatar symbolise bien ce moment où tu te sens complètement décontenancé. Il ne s'agit même plus de cynisme. Cette triste affaire se situe à un autre niveau. Tu t'interroges presque : "comment ont-ils pu imaginer que personne ne remarquerait rien, que cela allait passer crème, sans vague ?" »

La Coupe du monde au Qatar aurait dû être l'aboutissement final et somptueux d'une grande compétition populaire transformée en un Disneyland sportif au service de la propagande d'un État. Le contexte (géo)politique et l'évolution du football rendent impossible et inaudible ce conte de fées. Les pesanteurs politiques et économiques vont également en quelque sorte souligner le long processus de désagrégation du football en tant qu'objet culturel. Religion laïque pour certain·es, espace d'asservissement ou d'émancipation pour d'autres (relire *Une histoire populaire du football* de Mickaël Correia, La Découverte, 2018), le football voit son unicité écartelée et pour tout dire au bord de la rupture. Jamais son élite ne s'est à ce point éloignée de la pratique populaire. En témoignent les tensions dans les tribunes de foot (elles furent des caisses de résonance lors des mouvements contestataires dans le monde arabe ou en Amérique du Sud). Le petit monde du ballon rond affronte des bouleversements qu'il ne maîtrise plus. Le projet d'une Superligue, pour le moment en *stand-by*, a mis à rude épreuve aussi bien la foi des supporteurs que la légitimité de l'UEFA. Les nouveaux types de propriétaires des clubs professionnels, par exemple les fonds de pension américains (citons le cas récent du rachat du Red Star à Saint-Ouen), regardent en outre avec de plus en plus de mépris la dimension patrimoniale ou populaire du foot.

Les déclarations d'Aurelio De Laurentiis, refusant que ses joueurs africains jouent la Coupe d'Afrique des nations (CAN) – « qu'ils me signent une renonciation à participer à la Coupe d'Afrique ou sinon [...] je ne les ai jamais à disposition » – illustre ce nouveau rapport de force, dopé au néocolonialisme libéral. Un écart que le décalage de la compétition en novembre va rendre encore plus criant. Enfin, plus ardue à disséquer, l'évolution du jeu, pour répondre aussi bien à la spectacularisation des rencontres qu'aux nécessités de rentabiliser les investissements, s'inscrit dans cette spirale destructrice. Luis Martinez Andrade, auteur de *Fútbol y*

Teoría crítica (paru aux éditions La Vorágine), détaillant si bien les raisons de la mort du numéro 10, en appelle quasiment à une insurrection des écharpes et des crampons. « Nous ne devons plus permettre aux puissants de s'enrichir avec le football. De la même manière que nous les exproprierons des moyens de production, nous leur arracherons le ballon des pieds. » Heureusement, le foot est plus grand que la FIFA, mais bel et bien menacé, au point que de beaux esprits veulent le faire classer au patrimoine culturel immatériel de l'Unesco.

CHAPITRE 3

UN PÉCHÉ FRANÇAIS

« C'est terminé. J'ai été déçu. Je ne suis pas un supporteur de ces institutions. Il y a sept ans, je devais être président de la FIFA, mais j'ai mûri, vieilli, je n'ai plus envie de passer ma vie dans les avions. » Michel Platini, ex-président français de l'UEFA, continue à défendre sa posture de victime et désormais de vieux sage. Le Tribunal pénal fédéral suisse de Bellinzone vient néanmoins de le relaxer des accusations d'escroquerie, gestion déloyale, abus de confiance et faux dans les titres qui pesaient sur lui depuis plusieurs années. En cause, le paiement présumé déloyal de deux millions de francs suisses (1,9 million d'euros) reçu, en février 2011, de la part de Sepp Blatter, alors président de la FIFA. Cette rétribution, pour des services de consultant, provenait d'un « contrat oral » négocié à la va-vite entre deux portes. Cependant, cette forme d'accord est légalement reconnue en Suisse où est installée la FIFA. L'amertume de l'ancien numéro 10 se comprend toutefois. Son rêve de s'emparer des commandes de la grande maison mondiale du football a été cramé par cet épisode judiciaire, derrière lequel il pressent, à juste titre sûrement, la main invisible de son ancien ami, Gianni Infantino, qui a profité de cette opportunité pour se débarrasser de ce concurrent gênant. Dans la multinationale du ballon rond, le *fair-play* ne se récite qu'aux pupitres des conférences de presse.

Pourtant, Michel Platini n'en a pas vraiment fini avec la justice. En France, chez lui, elle se penche désormais sur son rôle dans l'attribution de la Coupe du monde au Qatar. En 2019, le Parquet national financier a ainsi ouvert une information judiciaire pour corruption active et passive, ainsi que pour recel et blanchiment de ces délits. Au cœur des soupçons, un mystérieux déjeuner à l'Élysée organisé le 23 novembre 2010 par Nicolas Sarkozy, président de la République, avec comme convive Michel Platini, président de l'UEFA, et l'émir du Qatar, Tamim ben Hamad Al Thani, accompagné de son Premier ministre. Michel Platini n'apparaissait pas à l'époque comme l'un des plus chauds partisans de la candidature de l'émirat. Il avait ensuite étrangement changé son fusil d'épaule, entraînant avec lui les fédérations européennes et ses amis dans les autres confédérations. Sepp Blatter, entendu en novembre 2021 par des policiers de l'Office central de lutte contre la corruption et les infractions financières et fiscales, dans les locaux du ministère public de la Confédération helvétique à Zurich, avait clairement laissé entendre que ce revirement avait été déterminant. Dans une interview accordée au *Monde* au même moment, il avait tranquillement lâché : « Sans l'intervention au dernier moment de Sarkozy sur Platini, le Qatar n'aurait jamais eu la Coupe du monde. D'autant que, si la vente du PSG au Qatar a eu lieu après le vote, c'est que c'est 100 % lié. Le Qatar devrait remercier un peu la France. » De fait, sur cet échiquier, le PSG apparaît souvent comme une pièce essentielle. Le rachat du club parisien par Qatar Sports Investments (QSI) et les investissements pharaoniques qui ont suivi (aujourd'hui un budget dépassant 600 millions d'euros) ont redessiné partiellement le paysage du football professionnel français, tout comme il a permis au Qatar, via Nasser al-Khelaïfi, de s'imposer à la Ligue de football professionnel (LFP) et au sein de l'Association européenne des clubs (ECA). L'opposition frontale du président du PSG au projet de Superligue, lancé par son homologue du Real, Florentino Perez, doit davantage se comprendre d'abord comme la défense d'une stratégie de prise de pouvoir au sein de l'UEFA que par une quelconque hostilité de principe envers l'idée de ligue fermée. Pour en revenir à l'Hexagone, l'univers se révélant désespérément minuscule, le fils de Michel Platini, juriste de profession, a travaillé de 2011 à 2016 au sein d'une filiale de QSI. Naturellement, Michel Platini a toujours nié et réduit ce repas à un simple échange amical entre gens de bonne compagnie, dont il ignorait à l'avance la présence. « Nicolas Sarkozy n'est pas intervenu sur mon vote. Je n'ai reçu aucune pression, ni directe ni indirecte, de l'Élysée*. » L'ancien numéro 10 n'est pas le seul footballeur tricolore à être tombé dans les filets du Qatar, d'autres noms prestigieux (Arsène Wenger, Zinédine Zidane) en sont devenus de précieux ambassadeurs. On le voit, la Coupe du monde au Qatar est loin d'être secondaire en France. De

* *Le Monde*, 21 novembre 2021.

Nicolas Sarkozy à Emmanuel Macron, elle s'avère aussi et d'abord une affaire d'État.

Les relations diplomatiques et commerciales de la France avec le Qatar dépassent largement effectivement la problématique d'un vote lors d'un congrès de la FIFA ou même simplement le destin du club parisien. L'immense chantier à ciel ouvert qu'est devenu ce petit bout du golfe Persique (11 571 kilomètres carrés, soit deux fois moins que la Bretagne) a forcément aiguisé l'appétit des grands groupes du BTP français, ces glorieux fleurons de notre économie nationale. Bouygues et Vinci en particulier rivalisèrent pour obtenir des contrats de construction en tout genre. Et de nouveau la justice française finit par y mettre un peu son nez. Une instruction a été ouverte le 25 novembre 2019, à la suite d'une plainte avec constitution de partie civile des associations Sherpa et Comité contre l'esclavage moderne (CCEM), ainsi que d'ouvriers indiens et népalais, en particulier autour des chantiers du « métro léger » ralliant Doha à Lusail – ville nouvelle dont le stade accueillera la finale de la Coupe du monde de football –, celui des parkings souterrains et de l'hôtel Sheraton à Doha. La manne ne fait pas que le bonheur des grosses entreprises tricolores. En surfant sur le Net, on découvre que parmi les 6 000 Français officiellement résidant sur place, certains ont su également tirer leur épingle du jeu. De la sorte, le site Objectif Aquitaine nous raconte le 17 décembre 2021 la *success story* d'un enfant de la région, une réussite sous le soleil du Mondial : « La ville de

Doha est encore aujourd'hui une forêt de grues. Le long de la corniche qui borde les eaux chaudes du golfe Persique, des ouvriers, sri-lankais pour la plupart, s'affairent à construire la nouvelle promenade en front de mer. "Tous les chantiers ici sont liés au Mondial", témoigne Maxime Ardilouze. Né à Bordeaux, il vit depuis huit ans à Doha. Architecte d'intérieur, lui et ses équipes ont, entre autres, installé les murs acoustiques de la cinquantaine de loges VIP de l'un des huit stades du Mondial. Le Français travaille aujourd'hui sur les plafonds lumineux du futur terminal de l'aéroport de Doha. » Naturellement, les Sri-Lankais n'ont pas le même statut ni les mêmes privilèges qu'un expatrié issu d'un pays occidental « ami » comme la France.

Une amitié qui ne se dément pas au fil du temps et se renforce même avec la Coupe du monde. Les deux États entretiennent des relations diplomatiques fortes et privilégiées. Loin d'être anodin, le Mondial s'inscrit parfaitement aussi dans la volonté de rayonnement stratégique international de la France, y compris sur son versant économique. Il existe de la sorte une convergence d'intérêts entre le *soft power* qatari et les illusions maintenues de grandeur de l'Hexagone. Une perspective qui colle parfaitement finalement au macronisme. « L'autre explication, précise le géopoliticien du sport Jean-Baptiste Guéguan sur France Info, c'est justement ce "rapport privilégié" qu'entretiennent Doha et Paris. Depuis que le Qatar a du gaz, des accords existent. Il y a beaucoup d'entreprises françaises sur place. Il y a également une base militaire française là-bas. C'est un allié stratégique local*. » Inutile de préciser que depuis le début de la guerre en Ukraine, l'approvisionnement énergétique, et notamment en gaz, est devenu crucial, ce qui a replacé le Qatar au centre de nombre de convoitises.

Dernier épisode de cette lune de miel, la France va apporter une aide précieuse pour assurer la sécurité lors de la Coupe du monde. Cet accord avait été signé en mars 2021, avant donc le fiasco de la finale de la Champions League au Stade de France. Il a désormais été validé et encadré par un vote au Sénat et à l'Assemblée nationale. La rapporteuse, Amélia Lakrafi, députée LREM de la 10e circonscription des Français de l'étranger (qui comporte le Qatar), précisait donc que la France allait envoyer « 21 opérateurs spécialisés du GIGN, 170 opérateurs en matière de lutte anti-drones, 10 opérateurs en matière de déminage, 10 équipes cynophiles de recherche d'explosifs et 5 à 8 experts fournis par la division nationale de lutte contre le hooliganisme (DNLH) » pour un total « d'environ 220 experts français** ». Sans parler du matériel et d'éventuelles autres demandes lors de l'événement. Le ministre du Commerce extérieur et de l'attractivité Olivier Becht s'est évidemment réjoui de cette reconnaissance des compétences tricolores en matière de sécurité lors des grandes manifestations sportives,

* France Info, 5 août 2022.

** Rapport présenté devant l'Assemblée nationale le 3 août 2022.

un « axe fort » de la coopération bilatérale entre la France et le Qatar (avec notamment le précédent des Jeux asiatiques de 2006 et de la Coupe arabe des nations de 2021). Les oppositions parlementaires se sont certes quelque peu émues d'un tel cynisme assumé, par exemple Olivier Faure du PS aurait pu se souvenir que la présidence de François Hollande n'avait pas véritablement freiné pareille coopération. Bref, rien qui puisse empêcher le gouvernement et la majorité de continuer sur sa belle lancée. Karl Olive, député des Yvelines (Renaissance), ancien journaliste et dirigeant sportif, a rétorqué sans rougir : « Il ne faut pas confondre et mélanger ce qui n'a pas à être mélangé. À ce moment-là, on peut aussi rappeler qu'au moment de la construction de la tour Eiffel, il y a eu plus de 300 morts* » (il n'y en avait eu qu'un seul de fait, l'élu confondait avec le nombre d'accidents et suicides depuis son inauguration en 1887). Il avait certes reconnu dans *So Foot* dès le 18 août avoir balancé « une connerie » tout en en remettant immédiatement une couche : « La France a toujours été une puissance d'assistance dans l'organisation de la Coupe du monde. Je préfère que l'expertise de nos gendarmes et nos policiers serve à protéger nos concitoyens lorsqu'ils se rendront dans les stades. C'est valorisant pour notre pays. [...] Mieux vaut une relation franche, exigeante, qui respecte aussi la décision qui n'est pas celle de la France mais de la FIFA d'avoir attribué la Coupe du

* France Info, 5 août 2022.

monde au Qatar. » Oui, nous sommes bien d'accord, la France a choisi de fermer les yeux et d'ouvrir son portefeuille, en toute connaissance de cause.

CHAPITRE 4

LA FIFA, L'ARGENT N'A PAS D'HONNEUR

La FIFA a désormais une adresse à Paris. Des bureaux haut de gamme dans le prestigieux Hôtel de la Marine, en face de la place des Invalides, pas très loin du Crillon, établissement grand luxe au balcon duquel les Bleus de 1998 furent acclamés par le peuple en liesse. Tout un symbole. L'urbex du foot déborde largement les limites du stade. Et comme par hasard, dans ce magnifique bâtiment, ancien siège de la Royale, où Victor Schœlcher signa l'abolition de l'esclavage en 1848, elle partage une colocation fort opportune avec la Collection Al Thani*, du nom de la famille régnante du Qatar, qui s'étend sur plus de 400 mètres carrés. L'inauguration des locaux, après leur coûteuse rénovation, s'est d'ailleurs tenue en présence de Gianni Infantino et Noël Le Graët. Pour Emmanuel Macron, toujours soucieux d'entretenir l'illusion de la grandeur nationale, le retour, même partiel, de la maison mère du ballon rond dans l'Hexagone constituait un objectif symbolique important. Le président de la FIFA lui a rendu la politesse avec la délicatesse des puissants : « Notre choix s'est naturellement tourné vers Paris,

* Selon le site de l'Hôtel de la Marine : « Parmi les collections privées les plus prestigieuses au monde, la Collection Al Thani comprend un ensemble exceptionnel d'œuvres d'art couvrant une longue période de l'Antiquité à nos jours. » La culture est aussi un atout maître dans le *soft power* qatari.

qui a vu naître la FIFA et accueilli son siège de 1904 à 1932. En plus d'être l'une des villes les plus cosmopolites du monde, elle est parfaitement connectée et facile d'accès*. » La France a été généreuse en retour puisque, comme l'explique *L'Équipe* dans un article du 17 février 2022 sur le sujet, le Mobilier national, qui agrémente d'habitude le décorum de la République, a été sollicité pour satisfaire l'orgueil de ces invités de marque. « Compte tenu de l'écrin patrimonial dans lequel la FIFA est hébergée, cette demande est bien sûr étudiée avec le plus grand soin. Ces espaces pourraient être l'occasion de faire rayonner en leur sein l'excellence de la création et du patrimoine français en matière d'art décoratif, notamment certaines œuvres réalisées par les manufactures nationales qui célèbrent les valeurs du sport en général et du football en particulier. » Tout est dit.

Car avant de parler de cette belle institution et de son sens singulier des affaires, il convient de rappeler que, contrairement au CIO à l'origine des Jeux olympiques, la FIFA n'a pas inventé le football, codifié à Londres le 26 octobre 1863 par la Football Association, entre les murs de la Freemason's Tavern, à Coven Garden. Le football restera dans l'histoire, bel et bien, une idée anglaise. D'ailleurs, aujourd'hui encore, il demeure finalement plus grand que la FIFA et il se pratique diversement à travers le monde (pour la France, citons le cas de la FSGT et de son foot à sept autoarbitré). Toutefois, ce jeu

* Cité dans *L'Équipe*, 10 juin 2021.

entre bons élèves des collèges *british* ne deviendra le foot que nous connaissons actuellement qu'en débarquant sur le Vieux Continent, bref le début de sa grande aventure internationale et universelle (avec une bonne dose de colonialisme dedans). La FIFA voit donc le jour modestement, avec seulement huit fédérations au départ (Allemagne, Belgique, Danemark, Espagne, France, Pays-Bas, Suède et Suisse, les Britanniques boudent), le 21 mai 1904, à Paris, au 229 de la rue Saint-Honoré, au siège de l'Union des sociétés françaises de sports athlétiques (USFSA) créée par Pierre de Coubertin. Son démiurge se nomme Robert Guérin, un journaliste et dirigeant sportif tombé depuis dans l'oubli, contrairement à Jules Rimet, papa du Red Star, qui en assura la présidence de 1921 à 1952, la période de son véritable essor avec notamment le lancement de la Coupe du monde. Récemment, lors d'un colloque sportif à Doha, le président de la Premier League d'alors, Dave Richards, avait lâché amèrement : « L'Angleterre a donné le football au monde, le meilleur héritage que l'on puisse lui donner. Puis cinquante ans plus tard, un gars est arrivé et a dit "vous êtes des menteurs", et il nous a volé ce jeu. Ce gars s'appelait FIFA*. » En cause, entre autres, le fait que l'émirat ait récupéré l'organisation du Mondial 2022 enfonce le dirigeant anglais : « Pourquoi la FIFA ne nous a pas directement dit : "Nous voulons la donner à un pays du Golfe ?" »

* Cité dans *20 Minutes*, 15 mars 2012.

De fait, la FIFA ne va jamais cesser d'accroître son empire. L'URSS renonçant à son internationalisme sportif rouge rejoint ses rangs avec son bloc «socialiste» en 1945. Plus tard, tous les pays décolonisés se bousculeront pour la rejoindre. Résultat, avec 211 membres au sein de ses confédérations continentales, elle dépasse l'ONU, notamment en ayant accepté dans ses rangs aussi bien l'Irlande du Nord que la Nouvelle-Calédonie, la Palestine ou encore Gibraltar. Mais toujours avec un profond sens du pragmatisme diplomatique et, depuis 2016, il faut une reconnaissance officielle internationale pour y adhérer. Du coup, la FIFA regarde les États droit dans les yeux et compose avec eux selon ses intérêts et les leurs. Car elle a d'immenses services à leur rendre. Elle demande juste à être payée en retour. « Organisation à but non lucratif », du moins est-ce son statut juridique en Suisse, elle a finalement installé son siège à Zurich, où elle échappe à toute forme de fiscalité pour ses événements ou ses activités. Cela dit, pas besoin de franchir les Alpes. L'UEFA avait obtenu une totale exonération fiscale de la République pour l'Euro 2016 en France, pendant que l'argent public coulait à flots pour garantir le succès et les bénéfices de la compétition. D'ailleurs, l'antenne de la FIFA logée dans les fameux bureaux parisiens, avec ses 70 employé·es, ne sera pas assujettie à l'impôt sur les sociétés. Une vaste fumisterie assumée à ciel ouvert. Inutile de creuser du côté des scandales de corruption ou de pots-de-vin, la plus grande arnaque de la FIFA reste d'abord de maquiller une multinationale en une fondation caritative, sans se cacher et l'écrivant noir sur blanc dans ses documents officiels, avec le tampon et l'agrément des gouvernements. L'ampleur de cette imposture se lit pourtant sans trop se fatiguer, simplement en surfant sur son site. Pour le cycle 2019-2022, la FIFA table, malgré le Covid, sur un budget de 6,44 milliards de dollars, sans compter 1,881 milliard de réserve. La moitié de cette manne provient des droits télé pour 56 % et pour 29 % du marketing (le reste des amendes, affiliation et autres petites « recettes »). « Non commercial et non lucratif. » Pour mémoire, l'Unesco vit avec un budget de 500 millions de dollars annuel.

Mais plus encore que son argent propre, la FIFA impressionne par sa capacité à faire grimper les enchères des investissements publics. Les Coupes du monde suffisent à s'en rendre compte. L'édition de 1998 en France affichait un budget déjà conséquent de 9,4 milliards de francs, soit 1,3 milliard en euros. Vingt ans plus tard, la Russie de Poutine a déboursé pas moins de 9,2 milliards d'euros. Le Qatar a explosé tous les compteurs en déboursant 187 milliards d'euros (200 milliards de dollars). Ali Sharif Al Emadi, en 2017, devant des journalistes étrangers, évoquait sans pudeur ce tsunami financier : « Nous dépensons près de 500 millions de dollars par semaine sur les principaux projets, et cela va continuer pendant les trois à quatre prochaines années, afin d'atteindre notre objectif, celui d'être vraiment prêts pour 2022*. » Naturellement, le Qatar

* AFP, 7 février 2017.

s'avère un cas particulier. L'opération de prestige et de *soft power* sert aussi à se hisser en une décennie au niveau des pays dits développés en termes d'infrastructures et d'apparats, jusqu'à enfanter des villes artificielles. L'ambition n'est pas seulement de posséder de beaux stades surdimensionnés, les fameux « éléphants blancs » qu'on retrouve par exemple désormais au Brésil après 2014. Il s'agit de combler le retard sur Dubaï et ses autres voisins et rivaux. Bref, de penser et de préparer l'après-hydrocarbure.

Du côté de la FIFA, avec des pays comme la Russie ou le Qatar, elle peut continuer paisiblement sa course folle. De tels régimes autoritaires demeurent la plus belle garantie d'investissements illimités, sans être embêtés par des considérations éthiques et de quelconques oppositions locales. Les anciennes vaches à lait, les grands pays occidentaux, voire sud-américains, ont souvent déjà donné, et leurs opinions publiques se montrent de plus en plus critiques. La manière dont le gouvernement Macron tente de minorer les dépassements de Paris 2024 au sortir du Covid et en pleine flambée inflationniste en témoigne. La FIFA ne prône toujours pas la sobriété (et la fin de l'abondance !). Avec des régimes aussi bienveillants, chacun y trouve son compte sur le dos des populations locales, parfois sur leurs cadavres. Naturellement, la corruption persiste, on ne perd pas ses vieilles habitudes, et des échanges de bons procédés entre cadres seniors et dirigeants politiques existent toujours. Même le Mondial 2006 en Allemagne était nimbé de ce genre de suspicions. Pour ce qui concerne 2022, de nombreux doutes entourent notamment l'attribution par la FIFA à la chaîne qatarie Al-Jazira des droits télé des Coupes du monde 2018 et 2022, pour un montant de 300 millions de dollars. L'accord avait été signé à l'époque par l'actuel dirigeant du PSG et de beIN Sports, Nasser al-Khelaïfi, en outre ministre « sans portefeuille ». Le deal comportait un bonus de 100 millions de dollars en cas de désignation du Qatar. Ce qui par miracle survint. Dans une autre affaire de corruption supposée, Nasser al-Khelaïfi a été acquitté au mois de juin par la justice suisse. Il lui était reproché d'avoir accordé à Jérôme Valcke, dirigeant de la FIFA, des avantages estimés entre 1,4 million et 2,3 millions d'euros, à savoir « l'usage exclusif de la villa Bianca » (située en Sardaigne), ainsi qu'un remboursement de 500 000 euros après versement d'un acompte pour la villa en question. Les gens ont parfois mauvais esprit…

Des peccadilles au regard des sommes faramineuses qui abondent les comptes de la FIFA ou sont mobilisées par les pays hôtes. Le football occupe désormais une place non négligeable dans le *far west* du capitalisme mondial, avec la FIFA en pousse-au-crime. Prenons le cas des stades. Celui de Lusail, 80 000 places, climatisé, 38 milliards de dollars clé en main avec ses équipements attenants (routes, ponts, stations de métro, ligne de tramway, centres commerciaux, etc.). Le fleuron de cette excroissance urbaine démentielle à une dizaine de kilomètres du centre de Doha. Sur les 12 enceintes prévues, neuf sortent de terre, du jamais-vu. Si forcément la voilure sera réduite lors de l'édition 2026 – Canada, États-Unis, Mexique disposant déjà quand même d'un minimum d'infrastructures –, elle sera également la première avec 48 sélections qualifiées, et donc autant de matchs et de retransmissions en plus. Pour la suite, la FIFA peut dormir tranquille. L'Arabie saoudite vient déjà de se positionner, à l'instar des JO, pour la Coupe du monde 2030 en association avec l'Égypte…

CHAPITRE 5

DES CIMETIÈRES SOUS LA THUNE

Note d'ambiance. Trois mois à peine avant le début de la Coupe du monde, le Qatar ne renonce toujours pas à ses bonnes habitudes en matière de droits de l'homme et/ou des travailleurs. Il faut dire que le 14 août une soixantaine d'entre eux ont osé manifester, ce qui est interdit, pour se plaindre du non-paiement de leur salaire. Une bagatelle de six mois de retard. Comble de l'indécence, ils ont bloqué la circulation devant l'entreprise Al Bandary à Doha. La plupart ont été interpellés pour avoir troublé l'ordre public. L'ONG britannique Equidem a ensuite alerté dès le 22 août la presse sur les procédures de «rapatriement» de ces insurgés. « Nous avons parlé à des travailleurs ayant manifesté et notamment à l'un d'eux qui a été expulsé vers le Népal. Nous avons confirmé qu'il était rentré chez lui, et que d'autres du Népal, du Bangladesh, d'Inde, d'Égypte et des Philippines ont également été expulsés. » Un comble puisque pendant longtemps les salariés étrangers ne pouvaient quitter le sol de l'émirat sans l'autorisation de leur employeur.

La question des droits humains ou des travailleurs n'a jamais empêché la FIFA de dormir, ni ses sponsors par ailleurs. Quelques tee-shirts sur des équipes norvégiennes ou une banderole déployée par la Mannschaft non plus. Lorsque l'émirat achète sa Coupe du monde, seul le montant du chèque soulève les cœurs. Les jolis costards qui dirigent les fédérations votant lors du congrès pour attribuer l'organisation du Mondial n'ignoraient pas les conditions de vie des millions d'immigré·es (80 % au moins de la population au Qatar) qui enrichissent de leur sueur les pays du Golfe. Tout le monde s'en accommodait sans problème jusqu'à présent, surtout dans les chancelleries occidentales. Les Qataris pensaient donc simplement continuer à construire leur pays avec l'or « humain », principalement originaire d'Asie, une foule de « fourmilles » corvéables à volonté.

La réalité va toutefois se faire jour. Par exemple avec le sort de Zahir Belounis, footballeur bloqué contre son gré sur place par son club qatari, avec lequel il se trouvait en contentieux. Le système juridique de la Kafala – « un système complexe de lois qui ne concerne pas seulement la législation du travail encadrant la vie des salariés immigrés », selon Vani Saraswarthi, directrice de projets à Migrant-Rights.org (*L'Humanité,* 11 mai 2021) – transformait en effet le travailleur étranger en un « mineur » sous la tutelle de son patron, auquel il doit quémander le droit de changer de boulot ou de quitter le territoire, avec souvent confiscation de son passeport. Cette forme pour le moins singulière de salariat va nourrir les premières critiques et donner consistance à cette notion « d'esclavagisme moderne ». Son abolition en 2020, dix ans donc après le début des travaux, n'a pour l'instant pas changé la donne. Dans le livre *Les Esclaves de l'homme-pétrole* (coécrit avec Sebastian Castelier aux éditions Marchialy),

Quentin Müller décrit ainsi en 2022 la vie de cette population entassée dans d'immenses cités-dortoirs à une heure de bus du centre-ville de Doha. Son sentiment d'abandon, les difficultés pour tout et surtout se faire payer, et parfois la déchéance pour ceux qui se rassemblent sur des terrains vagues pour se droguer à ciel ouvert afin de supporter le quotidien. Rien de neuf. Nous sommes non loin de Katmandou en 2014, peu de temps avant la Coupe du monde au Brésil. Mayar Kumari Sharma raconte sereinement, la pose altière, son combat comme ambassadrice du Népal dans l'émirat : « Je me souviens du jour où j'ai donné mon interview au *Guardian* dans laquelle j'ai qualifié le Qatar de "prison à ciel ouvert", ce qui m'a valu d'être rappelée au Népal. Un fils était venu me voir le matin même, car son père était mort cinq jours auparavant – et chez nous le fils doit s'occuper du rituel. Il s'était rasé la tête selon la tradition. Il avait demandé un certificat de décès à sa municipalité ici. Seulement au Népal, contrairement à ce qui se passe en Occident, juste avant sa mort, on sort la personne de l'hôpital pour qu'elle se retrouve chez elle avant de mourir. Le certificat met donc du temps à être établi par l'administration. Il m'implorait presque : je suis le fils unique, je dois absolument rentrer. Je n'ai rien pu faire. Nous les femmes sommes peut-être plus sensibles que les hommes, c'est peut-être ce qui m'a poussée à outrepasser mon rôle diplomatique. J'ai été ensuite attaquée, notamment par ceux qui ont organisé ici et au Népal ce trafic de travailleurs. J'aurais pu me taire et beaucoup m'enrichir à la place. J'ai préféré essayer d'être utile à mes compatriotes, qu'ils soient vivants ou malheureusement morts*. » Le rêve de l'enrichissement pour les Népalais, peut-être un demi-million en tout à perdre leur jeunesse pour la gloire de la FIFA, s'effondre rapidement. Au mieux, ils débarquent à l'aéroport avec leur valise et un écran plat sous le bras, emballé dans un drap, seul gain prestigieux de leur séjour. Quand ils reviennent vivants.

Car cette Coupe du monde aura un autre coût que celui des milliards investis. Un coût humain. Payé par les plus pauvres des travailleurs, ces prolétaires oubliés à l'ombre des stades. Le nombre de morts a donné lieu à une terrible bataille des chiffres et de communication. *The Guardian*, recoupant les données des principaux États fournisseurs de main-d'œuvre, avait publié une enquête avançant le chiffre de 6 500 ouvriers décédés, originaires d'Inde, du Pakistan, du Népal, du Bangladesh et du Sri Lanka (il manquait par ailleurs les Philippines), depuis le début des travaux (donc environ 600 par an). À titre de comparaison, la France, avec une population active de 30 millions de personnes (quinze fois supérieure), et très mauvaise élève européenne, en recense en moyenne 700 par an. Ce chiffre est depuis largement repris dans les médias ou les débats politiques. Parmi ces victimes, les morts dues à un pur incident sur un chantier sont extrêmement minoritaires. Les causes principales tiennent surtout aux

---

* *So Foot*, octobre 2014.

horaires, à l'absence de repos et de congés, et évidemment aux températures extrêmes dans un pays où elles dépassent 45 degrés en été. *Le Journal de cardiologie* avait notamment démontré les liens entre les accidents cardiovasculaires et l'exposition prolongée des ouvriers aux fortes chaleurs. Amnesty International avait de son côté examiné 18 certificats de décès de travailleurs migrants délivrés par le Qatar entre 2017 et 2021, dont la seule explication se réduisait en quelques mots lapidaires : « insuffisance cardiaque » ou « cause naturelle ». Ils avaient tous entre 30 et 40 ans au moment de leur mort et n'affichaient aucun problème de santé connu. L'ONG cite entre autres la triste histoire de Manjur Kha Pathan, 40 ans, conducteur de camion (douze ou treize heures par jour) qui, après avoir perdu connaissance, est mort au travail le 9 février 2021.

Pour contrer cette «propaganda», le Qatar a autorisé l'Organisation internationale du travail (OIT) à ouvrir un bureau à Doha. Son premier rapport comptabilisait le décès de 50 travailleurs en 2020, 500 gravement blessés et 37 600 avec des blessures légères à modérées. Cependant, bien que collaborant main dans la main avec les autorités (qui jusqu'à présent n'admettaient qu'une petite quarantaine de morts depuis 2010), l'OIT a néanmoins reconnu sa difficulté à « présenter un chiffre catégorique sur le nombre d'accidents du travail mortels dans le pays ». Cette présence de l'instance internationale est souvent présentée comme l'une des avancées que le Qatar a opérées pour les travailleurs migrants. Des avancées dont la FIFA s'attribue évidemment le mérite, via son président, le 2 mai 2022 à la conférence du Milken Institute (Beverly Hills, Californie) : « Grâce au football, nous avons pu aborder le statut de ces 1,5 million d'ouvriers travaillant au Qatar. » Le calvaire de ces «ouvriers» n'aurait pas existé, ni le deuil des milliers de familles, sans cette Coupe du monde. Des avancées qui sont surtout le fruit de la pression et de l'acharnement des ONG, des internationales syndicales et des médias. Certes, concrètement depuis 2017 des réformes ont été adoptées, dont la fin de la Kafala, la mise sur pied de tribunaux spécialisés dans le droit du travail ou la fixation d'un salaire minimum. Le syndicalisme reste toujours interdit, et point pratique concernant les causes de mortalité au travail, toujours aucune période de repos obligatoire corrélée avec la chaleur ou le type de professions n'a été instaurée. Dans les faits, les contrôles sont quasi inexistants, les nombreux sous-traitants maintiennent leur routine, comme le fait de ponctionner les salaires ou encore de confisquer les pièces d'identité. Quant aux tribunaux, entre les délais de jugement (un an parfois) et la disproportion du rapport de force entre le salarié et son employeur, leur utilité ne convainc que la communication officielle du Qatar…

En outre, la répression continue à étouffer toutes les voies dissidentes. Le 4 mai, Malcolm Bidali, un Kényan agent de sécurité et blogueur militant pour les droits des travailleurs migrants, a été kidnappé et détenu à l'isolement pendant un mois. Le Conseil judiciaire suprême l'a ensuite condamné à une grosse amende pour avoir publié de « fausses informations dans l'intention de mettre en danger le système public étatique ». Il a quitté le Qatar. En novembre, deux journalistes norvégiens qui effectuaient un reportage sur le sujet ont été interpellés pour violation de propriété privée et pour y avoir filmé des images, avant d'être libérés trente-six heures plus tard. Ils cherchaient notamment à interviewer Abdullah Ibhais, ancien directeur de la communication de la Coupe de monde de football. Ce fut impossible. Il a été incarcéré quelques heures avant l'entretien prévu, au nom d'une peine de prison de cinq ans, dont il faisait appel, fondée sur des «aveux» obtenus sous la contrainte, en l'absence d'un·e avocat·e.

Pendant ce temps, Gianni Infantino, président de la FIFA, continue tranquillement son cirque indécent. Lors d'une conférence à Los Angeles, il en rigolait presque : «Six mille personnes sont mortes sur d'autres chantiers aussi. Et bien sûr, la FIFA n'est pas là pour être la police du monde ou n'est pas responsable de tout ce qu'il se passe dans le monde. » À deux doigts d'exiger des familles qu'elles versent des dommages et intérêts pour diffamation…

CHAPITRE 6

L'AVOCAT DU DIABLE

Lise Klaveness, présidente de la fédération norvégienne, n'a pas tremblé, la mine grave, avant de s'exprimer devant les 210 autres membres représentés au congrès de la FIFA, à Doha qui plus est : « La décision d'accorder le Mondial au Qatar a été prise de manière inacceptable. Il n'y a pas de place pour des employeurs qui ne veillent pas à la liberté et la sécurité des ouvriers du Mondial. Pas de place pour des dirigeants qui n'accueillent pas le football féminin. Pas de place pour des pays hôtes qui ne peuvent pas garantir légalement la sécurité et le respect des personnes LGBT*. » Un tel discours s'avère rare lors de cette grand-messe, où les notables du ballon rond attendent plutôt de découvrir combien ils vont toucher en « redistribution », via des programmes de « développement » du football, de la part de la maison mère. Évidemment, personne n'a été surpris que cette prise de position provienne d'un pays scandinave où cette question a déjà secoué le petit monde du ballon rond, et par la voix d'une des rares femmes à la tête d'une fédération. Les plus sarcastiques se gausseront par ailleurs qu'éliminée, la Norvège de Haaland peut facilement s'indigner et donner des leçons. Au moins ces évidences auront été

* Intervention à la tribune du congrès de la FIFA à Doha, 31 mars 2022.

énoncées publiquement et dans le cœur du système. Sans qu'il en soit menacé évidemment, personne ne transforme ce type d'institution de l'intérieur. Cependant, la Coupe du monde, immense caisse de résonance médiatique et politique – le Qatar l'a suffisamment désirée pour ces raisons, entre *soft power* et enjeux économiques – procure, par effets pervers, une audience accrue à ce genre d'esclandre. Il fallait bien allumer un contre-feu. Si évidemment des responsables qataris sont intervenus devant les micros, les caciques de la FIFA, dans un bel élan ancillaire, sont montés au front avec le désormais très rodé *story-telling* du « grâce au football tout va mieux ». Noël Le Graët, qui se rêve presque président à vie de la FFF, s'est ainsi immédiatement lancé au secours d'un hôte si généreux : « On constate que la Coupe du monde au Qatar va faire progresser les droits humains de façon très rapide et très importante. Le Qatar s'ouvre sur le monde. Les progrès sont immenses depuis trois ans, [...] bon nombre de décisions ont été prises dans le sens du social. Ceux qui visitent de façon très neutre savent que ce n'est pas encore la même chose qu'en Europe, car c'est un pays en voie de développement. » Pas besoin effectivement d'un porte-parole gouvernemental, d'une agence de com' ou de lobbyistes flattant les égos des journalistes à coup de voyages de presse quand un tel bénévole se porte volontaire... Cela dit, l'exemple venait d'en haut. Gianni Infantino, après avoir tressé les louanges de Vladimir Poutine en 2018 – « c'est la meilleure Coupe du monde de tous les temps » –, entonne dorénavant sans cesse la gloire du Qatar. Alors que l'Italo-Suisse briguait son troisième mandat, il a, sans rougir, récité son credo devant la salle pleine du congrès de la FIFA en mars 2022 à Doha : « j'ai confiance en le pouvoir du football à unir les peuples et à traverser les frontières culturelles ». Et quand des ONG réclamèrent qu'une parcelle des gigantesques profits de ce Mondial servent à dédommager les familles des ouvriers décédés, il avait tranquillement rappelé, sans répondre directement à une telle offense, à quel point les veuves et orphelins pouvaient se sentir fiers de la contribution de leurs proches disparus. De son côté, le Premier ministre qatari Khalid bin Khalifa Al Thani était convaincu qu'« en abritant la Coupe du monde FIFA 2022, le Qatar va changer l'image stéréotypée des Arabes à travers le monde* ». Pas de raisons que les grands esprits ne se rencontrent pas autour de quelques milliards de dollars…

Comment en vouloir à la FIFA après tout? Alors ministre déléguée chargée des Sports, Roxana Maracineanu avait publié un joli tweet promotionnel en 2019 lors d'une visite sur place : « Le Qatar accueillera la Coupe du monde de football 2022. Avec @ EPhilippePM, visite du stade Al-Wakhra où les entreprises françaises sont présentes pour apporter leur savoir-faire en matière d'événements sportifs, et découverte du centre Aspire, lieu de préparation de pointe des athlètes. » Emmanuel Macron avait pour sa

* *Ibid.*

part reçu l'émir du Qatar Al Thani, l'occasion de précieux échanges sur la crise ukrainienne et l'approvisionnement en gaz, puis d'aborder, entre la poire et le fromage, l'avancée de la Coupe du monde, avant que Jupiter n'appelle Kylian Mbappé pour le convaincre de rester au PSG, pour le bien de la nation et de QSI.

Il existe toutefois des dimensions qui ont forcé le Qatar à sortir de sa zone de confort. Tout d'abord le droit des femmes, dans un pays qui par ailleurs n'a connu son premier scrutin législatif au suffrage universel direct qu'en 2021 (enfin, pour les 330000 Qataris descendants d'habitants déjà citoyens du pays en 1930). Ensuite la question LGBT. Les droits des personnes homosexuelles ou transgenres se sont déjà invités lors d'une grande compétition internationale de football. L'UEFA avait de la sorte capitulé en rase campagne devant Orban durant l'Euro 2021, interdisant à la ville de Munich de parer le stade accueillant le match Allemagne-Hongrie aux couleurs arc-en-ciel afin de protester contre une législation homophobe récemment adoptée à Budapest. Dans le monde arabo-musulman, où la plupart des pays criminalisent encore l'homosexualité, le sujet se révèle éminemment sensible. Mohamed Aboutrika, ancien international égyptien et consultant sur l'antenne arabe de beIN Sports (installée à Doha) s'était emporté le 29 novembre 2021 à l'antenne : « Pour lutter contre ce phénomène, l'anomalie sexuelle que constitue l'homosexualité, il faut éduquer et raisonner les jeunes. Ce phénomène ne correspond pas à notre foi et ne correspond pas à notre religion. » Josh Cavallo, international australien des moins de 20 ans, un des rares pros à avoir fait son coming out, n'avait pas en retour caché son inquiétude dans *The Guardian*, largement relayé dans les médias et sur les réseaux sociaux. « J'ai lu quelque chose du genre qu'au Qatar, ils prononcent la peine de mort pour les homosexuels. C'est un truc dont j'ai très peur et je ne voudrais pas vraiment aller au Qatar pour ça. Ça me rend triste, car finalement, la Coupe du monde est au Qatar, et l'un des plus grands succès en tant que footballeur professionnel, c'est de représenter ton pays dans ce genre d'événements. Savoir que ça pourrait se passer dans un pays qui ne soutient pas les personnes gays et menace leur vie, ça me fait peur*. » Finalement, certaines sélections, dont la France, ont fini par rejoindre la campagne « One love » initiée au Pays-Bas. Elles verront leur capitaine porter un brassard couleurs arc-en-ciel édulcorées durant la Coupe du monde. Rien de très méchant, et surtout qui ne coûte rien.

Pour contrer ce type de « mauvaise pub », le Qatar a dû se livrer à un périlleux exercice d'équilibriste, alors que l'homosexualité peut déboucher sur une condamnation de sept ans de prison. Nasser al-Khater, président du comité d'organisation du Mondial 2022, s'était d'abord réfugié derrière la FIFA : « En ce qui concerne les drapeaux arc-en-ciel dans les stades, la FIFA a ses propres directives, elle

---

* *The Guardian*, 1er décembre 2021.

a ses règles et règlements. Quels qu'ils soient, nous les respecterons », précisant néanmoins que les gays qui viendront au Qatar en tant que gays, supporteurs et participants à un tournoi de football, « pourront faire ce que tout autre être humain ferait », on appréciera le sens de la formule, hormis « les démonstrations publiques d'affection* ». Pour le dire autrement : venez consommer, chers Occidentaux, que vous soyez gay, bi, lesbien, trans, queer… De fait, il n'est pas inutile de souligner que l'un des objectifs essentiels de cette Coupe du monde pour l'émirat du Qatar consiste à se transformer en une destination touristique attractive, dans une course effrénée avec son voisin Dubaï. L'Occidental, quelle que soit son orientation sexuelle, reste d'abord un client, et tant pis pour les locaux qui continueront de vivre dans la peur et la honte. Même logique finalement autour du faux scandale des « relations sexuelles » prohibées entre individus non mariés. Un tabloïd anglais, le *Daily Star*, avait cité dans son édition du 18 juin 2022 deux prétendues sources anonymes, dont un policier qui menaçait : « Il n'y aura certainement pas d'aventures d'un soir à ce tournoi. Tout le monde doit garder la tête froide, à moins qu'il ne veuille risquer d'être coincé en prison. Les fans doivent être préparés à cette première Coupe du monde sans sexe. » Si l'interdiction des relations sexuelles hors mariage figure bien dans l'article 281 du Code pénal qatari, elle serait de fait tombée en désuétude (sans

---

* Associated Press, 8 décembre 2020.

compter qu'elle ne s'est évidement jamais appliquée aux femmes travaillant comme employées de maison, victimes d'agressions sexuelles ou de violences sexuelles). Le touriste français, chinois ou argentin demeurera à l'abri dans sa bulle, idem pour la consommation d'alcool ou la prostitution. Avec, espère-t-on à Doha, une immense publicité par le bouche-à-oreille et le selfie afin de rentabiliser sur le long terme les très chères infrastructures construites à cette occasion.

Cette bataille de la communication se déroule également et naturellement sur le terrain médiatique. Plateaux télé, *talk show* spécialisés ou non, articles de presse, etc. Bien sûr avec une qualité et un intérêt qui fluctuent selon la forme de l'émission ou la compétence des intervenants. Toutefois, de nos jours, un autre champ d'interaction culturel, de lutte pour l'hégémonie culturelle qui aurait sûrement passionné Gramsci ou Debord, pèse davantage : les réseaux sociaux. Pluriels, divers, éclatés. Des tweets des faux comptes pro-Qatar accusant les «opposants» d'islamophobie aux pseudos reportages sur YouTube d'influenceur·seuses, sans oublier les témoignages sur Linkedn d'expatriés si heureux à Doha, une vaste propagande se déverse, dont la principale force tient dans le fait qu'elle n'est même pas – toujours – directement téléguidée par le Qatar. En mesurer l'ampleur ou en dessiner la cartographie s'avère quasi impossible. L'ignorer serait une grave erreur. Enfin, pour éviter d'avoir à discuter du fond, le système dominant sait toujours utiliser des biais ou des petits procédés dérivatifs qui détournent de l'essentiel sans se rendre compte qu'on se perd en chemin. L'un des principaux fut toujours de poser le débat d'abord sous l'angle d'un boycott qui ne fut jamais d'actualité ni même réellement demandé.

CHAPITRE 7

IMPENSABLE BOYCOTT

Retour à l'Hôtel de la Marine, où loge luxueusement la succursale parisienne de la multinationale du ballon rond. En ce 20 juin 2022, les Dégommeuses, club de foot LGBT+, viennent de déployer sur le fronton de ce majestueux édifice une banderole « La FIFA tue ». Un slogan simple qui claque face à la place des Invalides. Une action qui rappelle les heures les plus dures d'Act Up. Extrêmement engagées dans les combats pour les droits des gays, des lesbiennes et des trans, ces footballeuses lesbiennes pratiquent et défendent un foot « inclusif, émancipateur, populaire », ce qui les a conduites par exemple à soutenir la lutte des «hijabeuses», jeunes filles voilées privées de leur sport préféré par les règlements fédéraux. Le communiqué sur leur site paru le jour même résume le spectre large de leur indignation : « Dans un récent rapport, Amnesty International prouve qu'au moment d'attribuer la Coupe du monde au Qatar, en 2010, toutes les institutions internationales alertaient déjà sur les violations qu'y subissaient les travailleurs et travailleuses étranger·es. La FIFA savait, et elle n'a rien fait. Cette inaction n'est pas une surprise. Elle parcourt l'histoire de cette institution, entachée de corruption endémique et promotrice de Coupes du monde pharaoniques qui endettent les peuples et détruisent la planète. Nous dénonçons cette gravissime violation des droits humains, mais aussi l'aberration écologique que représente cette Coupe du monde, avec notamment la climatisation des stades à ciel ouvert. [...] En tant qu'équipe majoritairement composée par des lesbiennes et des trans, nous rappelons également que la FIFA n'est pas à la hauteur dans le nécessaire combat contre les LGBTphobies dans le foot, en choisissant d'attribuer la Coupe du monde à un pays qui a une des législations les plus restrictives au monde. »

Les Dégommeuses appartiennent à une mouvance dissidente au sein du football qui, bien que minoritaire, prend de l'ampleur et se structure de plus en plus. Elle se démarque des anciens et nouveaux adeptes de la critique du sport rassemblés après Mai 68 autour de Jean-Marie Brohm, un ancien dirigeant de la Ligue communiste révolutionnaire et de la revue *Quel corps ?*, par son ancrage associatif et son rapport culturel assumé au « fait social total football », selon la belle expression de l'historien Alfred Wahl. Un archipel donc qui rassemble des associations sportives assumant un positionnement politique, comme le Ménilmontant FC 1871 (en référence à la Commune de Paris) ou le AC Asterias à Montpellier, « se reconnaissant dans les valeurs sociales et solidaires véhiculées par le mouvement du "sport populaire"* », et qui évolue en FSGT. On peut également citer au passage, s'il faut traverser le Channel, le Clapton FC dans l'East London. À Gruffy, en Haute-Savoie, plus de 450 personnes

* *Sport et plein air*, juin-juillet 2022.

avaient participé le 16 juillet 2022 à un long match de six mille cinq cents minutes en hommage aux morts du Mondial qatari. « Le pari de notre événement, c'est d'ouvrir un espace de discussion par le football sur ces thèmes, pour amener des personnes qui ne seraient pas sensibilisées à y réfléchir », défendait Thibault Duisit, l'organisateur, sur le site Reporterre. Le même état d'esprit anime quelques tribunes françaises au sein d'un mouvement ultra, certes souvent confronté à la présence de l'extrême droite. Au Red Star en particulier, qui refuse aujourd'hui le rachat de cette vénérable institution par un fonds de pension américain (une tendance lourde dans le foot pro), et qui a manifesté son soutien au Rojava ou encore envers les migrant·es. Une contestation qui peut surgir en des lieux inattendus. Gianni Infantino, président de la FIFA, assistait au stade du Roudourou à un ordinaire Guingamp-Toulouse (2-4) en Ligue 2. Dans les gradins occupés par les supporteurs bretons, un beau calicot « Boycott Qatar 2022 » l'a accueilli comme il se doit. Enfin, il existe des médias spécialisés, ou des comptes militants sur les réseaux sociaux, qui relaient et rendent compte de ce front social du foot (citons par exemple Dialektik football).

L'idée du boycott y est évidemment fortement présente, et le thème est presque devenu incontournable à l'approche de l'événement. De beaux débats dans les podcasts et de belles unes en perspective. *Libération* y consacre la sienne le 19 septembre 2022 et son journaliste Grégory Schneider de souhaiter

« ramener la coupe à la raison » (en référence au titre du rappeur Vegedream qui avait accompagné le parcours des Bleus en Russie). *Le Quotidien de la Réunion* prévient qu'il ne couvrira absolument pas cette compétition. Cependant, le réalisme et le pragmatisme l'emportent. Devenu surtout un titre pour les débats sur les plateaux télé, ce projet n'a jamais été sérieusement d'actualité. Pour mémoire, même des ONG comme Amnesty International ou les syndicats du bâtiment, pourtant si fortement mobilisés, ne le réclament pas. En 2014, dans les locaux du GEFONT (General Federation of Nepalese Trade Unions), à Katmandou, avec ses murs recouverts par des affiches d'un mouvement ouvrier qui s'assume à coup de faucille et de marteau, et d'un socialisme qui porte encore la barbe, Ramesh Badal, responsable des relations internationales, expliquait alors simplement : « On est très heureux qu'elle se déroule en Asie, les Népalais adorent le football. Mais pas comme cela, pas à ce prix*. »

En France, la seule évocation du boycott se heurte au plafond de verre de la raison et de la calculette d'État. Une belle couverture sous laquelle se planque depuis toujours Noël Le Graët, parfois avec une naïveté touchante, comme auprès de l'AFP le 30 novembre 2021 : « Les rapports entre notre gouvernement et le gouvernement qatari sont très chaleureux. » L'attitude de la FFF n'a rien d'exceptionnel. La totalité des fédérations concernées ont, à

* *So Foot*, octobre 2014.

quelques nuances près, entonné le même refrain et refusé de se positionner officiellement. À titre d'illustration, et à trois mois du match inaugural, aucune de celles dont les sélections se sont qualifiées pour la phase finale n'avaient soutenu la très mesurée campagne PayUpFifa, un appel collectif lancé par l'ONG Human Rights Watch afin que la FIFA crée un fonds d'indemnisation pour les travailleurs morts pour son Mondial (de son côté, en mai 2022, Amnesty International demandait à la FIFA une compensation d'au moins 440 millions de dollars pour les ouvriers «maltraités»). Tout juste la FA (Fédération anglaise), dans un communiqué officiel sur son site le 21 septembre, a-t-elle demandé que « toute blessure ou décès lié à un projet de construction doit être indemnisé et la Coupe du monde n'est pas différente. De même, nous soutenons le concept d'un centre des travailleurs migrants et avons fait pression sur la FIFA pour une mise à jour urgente sur les avancements ». Cela dit, même la Norvège, dont la sélection porta un tee-shirt en faveur des droits humains lors de son match à Gibraltar, et dont la présidente prit courageusement la parole lors du congrès de la FIFA à Doha, avait rejeté la possibilité d'un boycott lors d'un congrès extraordinaire, 368 délégués contre et 121 pour.

Évidemment, face au gouvernement, les partis d'opposition peuvent opportunément s'en mêler. Même le RN s'y engouffre parfois, histoire de dénoncer la soumission macroniste à un régime islamique, toutes les fenêtres démagogiques sont bonnes à ouvrir (y compris dénoncer le retour de Benzema chez les Bleus ou le choix du rappeur Youssoupha pour accompagner un clip à leur gloire). En 1978, le FN refusait en revanche le boycott au nom de l'apolitisme du sport, avec une belle affiche de soutien aux Bleus. Une opportunité aussi il est vrai pour ce petit parti marginal de se poser en défenseur de la joie « du peuple français » contre les vilains gauchistes désirant gâcher la fête. En 2022, le RN s'amuse au contre-pied et dénonce ce Mondial offert à une puissance « musulmane » qui soutient les mouvements islamistes radicaux jusque dans l'Hexagone. À gauche, les bonnes consciences font florès. Sans risques. Des élus écologistes ont ainsi signé une tribune, parue dans *Têtu*, magazine gay, pour demander le boycott du Mondial. Et sur RTL, le 1er avril 2022, Jean-Luc Mélenchon s'est bravement jeté dans la bataille : « Oui, s'il y avait une bataille pour le boycott, moi j'y participerais, mais je n'ai pas beaucoup d'illusions. C'est une honte ce qui se fait là. Six mille cinq cents personnes sont mortes sur les chantiers. C'est affreux comment ils traitent les gens. » Le gouvernement de François Hollande a pourtant disposé de cinq ans pour y remédier. Il avait le pouvoir d'obliger la FFF à refuser de participer aux qualifications, ou plus modestement de conditionner la venue des Bleus au Qatar à des progrès effectifs et internationalement reconnus pour les travailleurs migrants, par exemple calés sur la charte de l'OIT. Les trois ministres en charge des Sports qui se sont succédé entre 2012 et

2017, alors que les premières enquêtes et révélations se multipliaient dans la presse, n'ont jamais abordé ce sujet. L'ancien président « de gauche » se permet même l'indécence de se poser en moralisateur lors du festival Demain le sport organisé par *L'Équipe* le 20 septembre 2022 : « Enfin, compte tenu de ce que l'on sait des conditions de déroulement de cette compétition, climatiques et de la construction, si j'étais chef de l'État, mais je ne le suis plus donc ma position est facile, je ne me rendrais pas au Qatar. » Oui c'est facile et surtout indécent.

Et les footballeurs ? Si évidemment la décision d'un boycott relève d'abord de la responsabilité politique, ils ont leur mot à dire, peut-être leur libre arbitre ? Certes, le dogme de l'apolitisme (qui est de droite, tout le monde le sait) pèse encore fortement dans la culture foot, aggravé désormais par le poids des sponsors et des « entourages » (agents, etc.) qui veulent protéger à tout prix l'image – la plus lisse possible – de leur poulain, petite entreprise à lui tout seul. Par le passé, même Dominique Rocheteau, réputé proche de la LCR, s'était rendu en Argentine et, contrairement à la légende, Johan Cruyff ne l'avait pas boycotté. Amnesty International a bien tenté d'interpeller les Bleus dans une lettre ouverte rendue publique le 22 mai 2022, en mode service minimum : « Vous entrerez dans la légende, si, en tant que champions du monde en titre, vous nous aidez à défendre et soutenir les personnes migrantes travaillant dans des conditions indignes. [...] Vous êtes plus forts que les Danois sur le terrain ? Soyez-le tout autant dans vos revendications. Ce serait un geste de justice pour celles et ceux qui paient le prix fort pour que cette compétition existe. » Didier Deschamps a préféré déclarer forfait devant la presse le 17 mars : « Ce n'est ni les joueurs, ni moi, ni vous, qui ont décidé que la compétition se jouerait là-bas. Il y a des décideurs qui ont décidé. Nous, on nous dit qu'elle est là, elle est là. Après, je suis peut-être factuel, pragmatique, mais c'est la réalité. Je ne veux pas cacher la réalité des problèmes liés à la condition de ce Mondial. En tant que citoyen, je veux envoyer un message de paix. »

Il est pourtant difficile pour les stars à crampons d'esquiver totalement le débat. Certaines ont en effet commencé à sortir du bois. Antoine Griezmann a refusé un sponsor chinois par solidarité avec les Ouïghours. Nous avons aperçu quelques genoux à terre durant l'Euro en soutien à Black Lives Matter. Des internationaux (Layvin Kurzawa, Jules Koundé) avaient exprimé leur indignation face aux bavures policières. Kylian Mbappé, en vacances à New York, avait justifié ces prises de paroles à l'occasion d'une interview le 24 juin 2022 sur BFM : « Les gens souvent m'interpellent sur mes prises de position, notamment sur les dernières. Que ce soient les violences policières, le racisme… Ça, les gens sont contents parce que je pense que je représente cette voix aussi. » Or, l'enfant de Bondy connaît aussi les limites à ne pas dépasser. Il est possible de refuser une séance de photos promotionnelles avec les Bleus pour protester contre des partenaires trop liés à la malbouffe, mais impossible pour le salarié du PSG, dont le président Nasser al-Khelaïfi est membre du comité d'organisation de la Coupe du monde de football 2022, de s'exprimer sur les conditions de travail des migrants. Au moment de la diffusion des images de la bastonnade en règle de Michel Zecler, il avait posté le 26 novembre sur Instagram un extrait du morceau *Ma France à moi* de la rappeuse Diam's : « Ma France à moi elle a des valeurs, des principes et des codes… Ma France à moi ne vit pas dans le mensonge. » Quand on a mis par ailleurs en avant son patriotisme pour resigner à Paris, cette « certaine idée de la France » autorise-t-elle à se rendre au Qatar sans un mot pour ceux qui sont morts pour que roule le ballon à ses pieds ? Lionel Messi et Neymar ne s'illustreront guère davantage. L'Argentin n'a jamais brillé par ses prises de position (y compris lors de son voyage avec le Barça en Israël et en Palestine), à la différence d'un – souvent polémique – Diego Maradona. Le Brésilien risque peu de s'épancher. Immense attaquant, son soutien à Bolsonaro l'éloigne du modèle d'un Sócrates qui défia la dictature militaire avec les Corinthians.

Seul son de cloche un peu dissonant, et significatif, Philipp Lahm, ancien capitaine de la Mannschaft et président du comité d'organisation de l'Euro 2024 en Allemagne, a affirmé dans un entretien accordé au journal *Kicker* le 7 août que « les droits de l'homme doivent jouer un rôle plus important dans l'attribution des compétitions » avant d'interpeller les joueurs présents. « En tant que joueurs, vous ne pouvez plus faire comme si vous ne le saviez pas. Cela ne devrait plus se reproduire à l'avenir. [...] Je ne fais pas partie de la délégation et je n'ai pas l'intention de faire le voyage en tant que supporteur. » En retour, il lui a surtout été reproché de s'exprimer tardivement – toujours le même argument « maintenant qu'on y est ! » – et de n'avoir rien dit ni fait auparavant. De fait, les footballeurs pros et les clubs se sont surtout indignés devant le décalage de l'épreuve en novembre, pour raison climatique. Seule condition, paraît-il, pour maintenir un bilan carbone neutre... Si si... neutre.

LA PLANÈTE EST RONDE, LE PROFIT AU CARRÉ...

Comment cette triste affaire va-t-elle se terminer ? Le Qatar se veut évidemment triomphant, priant pour que sur place touristes et médias ne songent qu'à se régaler devant les exploits des grands joueurs. Le patron du Comité suprême chargé de l'organisation de la Coupe du monde 2022, Nasser al-Khater, annonce de son côté plus de six milliards de dollars de « retour sur investissements ». Un record. Avec 1,2 million de supporteurs qui doivent venir justifier la construction de ces stades disproportionnés. Les places partent sans problème, paraît-il. Business avant tout, l'émirat a conclu un accord avec son puissant voisin saoudien pour y loger d'éventuels surplus de fans. Les deux pays se trouvaient quasiment au bord de la guerre l'an dernier. Oui, le foot rapproche, davantage sur une planche à billets verts que sur un rectangle vert. Vert, mais à quel prix d'ailleurs ?

C'est le dernier point noir de cette Coupe du monde du cauchemar : le versant écologique. Il ne concerne pas que le ballon rond. Des milliers de litres d'eau ont été déversés sur les routes du Tour de France en pleine période de sécheresse et les golfs se sont vu accorder des dispenses prioritaires pour sauver leur green. L'été brûlant que nous venons de vivre, et ses effets directs sur le foot (20 % des terrains se sont révélés impraticables dans l'Hexagone), a certes illustré brutalement l'ampleur et la réalité de la catastrophe qui se profile (pourtant largement documentée, notamment par le Giec). Or, le Qatar possède un des pires bilans carbone au monde (37 tonnes par habitant·e), même si avec ses 2,15 millions d'habitant·es sa nocivité n'égale pas les grandes puissances que sont la Chine ou les États-Unis. Toutefois, sa logique de développement économique, dont l'organisation de la Coupe du monde incarne la manifestation extrême et exponentielle, souligne d'un coup l'ampleur du fossé entre la raison (de la survie de l'humanité) et le pognon, qu'il roule sur une pelouse ou non. Pas d'illusion, pour l'instant le football n'a toujours pas l'intention de «verdir» son quotidien. Notamment à renoncer à son addiction au jet privé (60 % des déplacements en Ligue 1, source LFP). Petite démonstration par l'anecdote : le fou rire de Kylian Mbappé avant la mauvaise blague de l'entraîneur du PSG, Christophe Galtier, sur le recours au « char à voile » en conférence de presse du 5 septembre 2022 avant le match contre la Juventus en Champions League.

Le Qatar a donc climatisé ses gigantesques enceintes, afin de ménager athlètes et spectateurs, afin de pouvoir surtout les utiliser toute l'année. Le Mondial qatari démontre aussi qu'en dépit de l'évidence, même l'écologie peut être récupérée pour promouvoir un capitalisme qui la sacrifie sans cesse. Présents à la COP26, ès qualité, ses représentants ont vendu sans honte ni sourciller « la première Coupe du monde neutre en carbone », encore plus depuis que l'épreuve a été déplacée en novembre. À deux doigts de se poser en donneurs de leçon face à la crise climatique. Les faits sont moins plaisants. Premièrement, par exemple, les équipes viendront en avion et il faudra bien déshydrater ces foules égarées au milieu d'un désert urbanisé à la va-vite. Il est fort possible malheureusement que les 6 500 ouvriers morts pour que se déroule une Coupe du monde – une phrase à se répéter sans fin – ne soient finalement que les premiers d'un aveuglement collectif et suicidaire. Et tout le monde sait que ce sont leur pays d'origine, Népal ou Bangladesh, qui en subiront les pires conséquences (famines, canicules, terres submergées, etc.). Vincent Lindon, pas franchement catalogable parmi les dangereux activistes d'ultragauche, a finalement peut-être bien résumé l'ampleur de ce drame autour d'un ballon rond : « C'est une histoire répugnante. Aujourd'hui, on se laisse dévorer par l'argent rouge de sang*. » Libre à chacun de trouver le jugement moral un peu facile, surtout à quelques semaines de l'événement. On préférera souligner la facilité intellectuelle de ceux et celles qui font profession de la critique de la critique, au nom de la « magie de l'enfance** » qui protègerait ce sport. Les ouvriers morts sur et pour les chantiers avaient aussi sûrement des enfants, et Gianni Infantino ou les dirigeants du Qatar n'en sont plus depuis longtemps.

Fort heureusement, le foot est plus grand et plus beau que la FIFA.

---

* France Inter, 29 août 2022.

** Leplat Thibaud, *La Magie du football*, Marabout, 2019.

REMERCIEMENTS

Tout d'abord à Julien Lucchini et Paul Bouland qui m'ont soufflé l'idée de ce livre au départ.

À l'équipe des éditons Libertalia pour sa patience et son soutien.

Aux acteurs et actrices du foot populaire : clubs, médias, journalistes, chercheurs·seuses, FSGT, supporteurs et supportrices, etc.

Et sans ordre de préférence et m'excusant pour les oublis : Olivier, William, Maëlle, Yasmine, Margaux, Isabella, Antoine et Laura, Virginie, *So Foot*, Le bar sûr, Section 26, Delphine, Manue, La Tache noire, Zut, etc.

Enfin à mes deux fils, Ismaël et Zacharie, car « l'avenir leur appartient »… Faites mieux que nous…

SOMMAIRE

Nicolas K*SSIS*-M*ARTOV*
Qatar, le Mondial de la honte

Édition préparée
par Charlotte D*UGRAND*,
Bruno B*ARTKOWIAK*
et Nicolas N*ORRITO*

Éditions L*IBERTALIA*
12, rue Marcelin-Berthelot
93100 Montreuil
www.editionslibertalia.com
Indicatif éditeur : 978-2-9528292

Diffusion et distribution
HARMONIA MUNDI *livre*

Reproduit et achevé d'imprimer
par Corlet à Condé-en-Normandie (14)
le 12 octobre 2022
Premier tirage : 3 500 exemplaires
N° d'imprimeur : 22090614
Dépôt légal : 4e trimestre 2022
Imprimé en France